ÉLOGE
DE M. LE COMTE MOLÉ,

PRONONCÉ

DANS L'ASSEMBLÉE GÉNÉRALE DE LA SOCIÉTÉ DE L'HISTOIRE DE FRANCE

DU 8 MAI 1856,

PAR M. DE BARANTE,

DE L'ACADÉMIE FRANÇAISE,

PRÉSIDENT DE LA SOCIÉTÉ.

———

MESSIEURS,

« L'an dernier, à pareil jour, j'avais l'honneur d'entretenir la Société de l'Histoire de France des *Mémoires de Mathieu Molé*. Je disais que nous avions rempli un devoir en publiant une série de documents qui témoignaient avec détail et exactitude des vertus et des mérites de ce grand magistrat, dont le nom a conservé une gloire nationale; dont le souvenir rappelle l'amour de la justice, le courage contre le désordre, l'aversion de la tyrannie et le respect pour la puissance légale. J'étais alors loin de prévoir qu'une année serait à peine écoulée que, dans ce même lieu, j'aurais à déplorer avec vous la perte cruelle que nous avons faite et à rendre hommage à la mémoire du dernier descendant de Mathieu Molé, qui, portant ce beau nom, a su s'en rendre digne.

Il m'en a coûté pour me résoudre à m'acquitter du devoir que m'impose l'honneur d'être votre organe. Les douleurs intimes éprouvent une sorte d'éloignement et de gêne à se répandre en public, à s'exprimer par des discours officiels, à donner une forme oratoire aux sentiments, à prononcer une sorte de jugement, au lieu de se livrer à de sympathiques regrets.

Mais ce n'est pas à ses amis seulement que M. Molé est regrettable; s'il manque à leur affection, s'il y tenait une place qui reste vide, il manque aussi à son pays que, pendant sa vie entière, il a servi et honoré. Sans toucher à la vie privée, sans essayer de dire les qualités de son âme, la douceur de son commerce, le charme de son esprit, la sincérité de ses amitiés, j'aurai assez à dire de son existence publique, de la carrière qu'il a parcourue et de la place qu'il a occupée dans le service de l'État. Je vous rappellerai aussi son goût pour les lettres, les jouissances qu'il y cherchait pendant ses loisirs, et le regret que souvent il a exprimé de ne pas s'être consacré à des occupations pour lesquelles il sentait son aptitude.

Né en 1781, M. Molé avait neuf ans lorsque l'Assemblée constituante, espérant donner à la nation des garanties de justice et de liberté plus complètes et plus efficaces, abolit le Parlement. Quatre ans après, le président Molé de Champlâtreux était, avec l'élite de la magistrature, traduit devant le tribunal révolutionnaire, dans la salle Saint-Louis, où avait siégé le Parlement. Le principal chef d'accusation était une protestation contre le décret d'abolition. Cette pièce avait été saisie chez M. de Rosanbo. L'enveloppe portait pour suscription : « En cas de mort, ce papier devra être remis entre les mains de M. de Saron ou de MM. de Champlâtreux, de Gourgues, d'Ormesson, Gilbert de Voisins. » — « Qu'auriez-vous fait de ce dépôt s'il vous eût été remis ? demanda le président du tribunal aux magistrats indiqués par cette note. » — Ils ne lui répondirent pas, mais s'adressant à M. de Rosanbo, M. de Saron lui dit : — « Je vous prie, monsieur, d'agréer le témoignage de ma reconnaissance pour la confiance dont vous m'avez honoré. » — M. de Champlâtreux et les autres présidents à mortier s'associèrent à cette réponse. Tous furent envoyés au supplice le jour même.

Déjà emprisonné après le 10 août, M. de Champlâtreux avait, par les actives démarches de sa famille et la fidélité d'un ancien serviteur, échappé aux massacreurs soldés de la commune de Paris ; les juges du tribunal furent plus impitoyables.

Tels étaient les souvenirs d'enfance de M. Molé ; avant l'âge de quatorze ans, il se trouva orphelin ; les biens de sa famille étaient confisqués ; sa mère ainsi dépouillée, et le cœur brisé par son malheur, cherchait dans une ardente piété la résignation chrétienne.

Quand furent passés les plus mauvais jours de la tyrannie révolutionnaire, M. Molé, dont les études classiques avaient été interrompues par ces circonstances funestes qui toutefois mûrissaient son esprit et développaient sa raison, se fit un devoir vis-à-vis de lui-même d'acquérir l'instruction et les connaissances qui ne pouvaient plus être demandées à l'éducation publique. Un vieil ami de sa famille l'aida dans ses études littéraires, et il suivit les cours de la première École polytechnique. Il se maria fort jeune, en 1798, mais n'en continua pas moins le train d'études et de lectures conforme à son goût et à ses habitudes. Dès lors, il avait cette gravité mêlée de finesse et de douceur, ce caractère sérieux qui laissaient deviner des impressions vives et des sentiments contenus. Son goût pour la conversation des gens d'esprit, pour une société où il trouvait du mouvement, de l'intérêt et de l'instruction, avait l'occasion de se satisfaire. La société de sa belle-mère, madame de La Briche, s'était, pendant la révolution, composée en grande partie d'hommes de lettres. Les persécutions révolutionnaires les avaient dispersés; mais lorsque les temps devinrent meilleurs, lorsque le gouvernement consulaire eut rappelé les bannis, accordé protection et faveur aux proscrits, lorsque revinrent en France, M. de Fontanes, M. de Bonald, M. de Châteaubriand, encore ignoré mais bientôt illustre, M. Molé eut la satisfaction et l'avantage de vivre, lui bien jeune encore, au milieu d'une société d'hommes distingués, non pas seulement par un esprit littéraire, mais par la raison, les opinions, l'expérience, ou les méditations profondes. M. Joubert, ce penseur si sage, cet appréciateur si fin des œuvres de l'esprit et des sentiments de l'âme, se prit surtout de goût pour M. Molé et sut apprécier tout ce qu'il valait alors, tout ce qu'il pouvait valoir ensuite. M. Pasquier, qui devait entrer dans la carrière des affaires publiques et la parcourir avec lui, était aussi de cette société.

M. Molé ne songeait point encore à la vie politique. Son esprit était suffisamment occupé; il faisait provision de pensées sérieuses, observait, en les appréciant, les événements et les hommes. Il voyagea en Angleterre pendant la paix d'Amiens; ce lui fut une occasion pour examiner un gouvernement et un ordre social si différents de la France.

Ce fut peu après qu'il écrivit les *Essais de morale et de politique*. Ce livre fut fort remarqué, et apprécié diversement, non point quant au talent que personne ne contesta, mais quant aux opinions. Dans un temps où tous se soumettaient volontiers et presque avec reconnaissance au pouvoir absolu, beaucoup de lecteurs s'étonnèrent, ou, pour parler plus exactement, se scandalisèrent de voir un jeune auteur de vingt-cinq ans professer une morale si austère, et la présenter comme un devoir plutôt que comme un sentiment; cela semblait très-nouveau au lendemain du xviiie siècle. Dans l'ordre politique, on était encore plus surpris de tant d'insistance sur le principe d'autorité. Les critiques ne réfléchissaient pas que récemment l'anarchie, cette autre tyrannie, n'avait cédé qu'à une volonté souveraine. C'était d'ailleurs méconnaître le véritable esprit de cet ouvrage. M. Molé avait pris goût aux formes tranchantes et aux assertions absolues du style de M. de Bonald, mais il n'avait ni adopté, ni reproduit les systèmes et les conséquences excessives de la *Théorie du pouvoir civil et religieux*. Nous citerons ici un passage qui témoigne de la véritable disposition où se trouvait l'auteur; il expliquera l'intention de son livre et aussi la résolution que M. Molé devait prendre bientôt après.

« Un bon gouvernement est celui à l'ombre duquel on vit ; une société est bien constituée, ses institutions sont bonnes, lorsque les individus qui la composent jouissent d'une existence qui est complète, c'est-à-dire, lorsqu'ils vivent de toutes leurs facultés, en les dirigeant vers un but qu'ils ont choisi. En effet, quel plus beau spectacle que celui d'une multitude d'hommes tellement occupés du but qu'ils veulent atteindre, qu'ils s'oublient eux-mêmes dans leurs efforts. Je les vois s'élançant dans toutes les carrières et produisant une félicité générale, en ne croyant obtenir que leur propre bonheur. Quel noble orgueil ils éprouvent en s'apercevant de la grandeur qu'ils ont causée ! Mais qui doit jouir davantage encore ? C'est le prince, qui, du haut de l'empire, excitant et encourageant leur ardeur, trouve des prix pour tous les triomphes et voit se former à ses pieds un siècle auquel il va donner son nom. »

Ainsi, en plaçant de si hautes espérances sur le grand homme qui venait de changer son épée de général pour le sceptre impérial, M. Molé n'oubliait pas sous quel noble aspect lui avait apparu la constitution du peuple anglais.

Il savait bien aussi à quelles conditions peuvent s'établir la liberté et la résistance légale au pouvoir arbitraire : l'ordre politique ne lui semblait avoir d'autre base solide que l'ordre social. — « Le despotisme, disait-il, s'établit en retranchant tous les intermédiaires : alors le trône domine seul, et domine tout ; les commandements qui tombent de si haut renversent ceux qu'ils frappent, écrasent au lieu d'incliner ceux qui doivent obéir. Le despote agit immédiatement sur toutes les classes et sur chaque individu. Il frappe le pauvre à l'insu du riche ; et le riche, sans pouvoir comme sans défense, demeure exposé à ses coups. Le despote tremble à l'apparence d'une hiérarchie ; il ne reconnaît que des favoris et des esclaves ; hors de là, il n'épargne que les prospérités qu'il ignore. »

M. Molé ne craignait point que de telles paroles fussent offensantes pour le souverain tout-puissant, qui allait bientôt l'appeler au service de l'État. Il était disposé à voir en lui, non pas seulement le vainqueur de l'anarchie, imposant le calme et le silence à l'esprit révolutionnaire ; mais aussi le restaurateur d'une société hiérarchique, où la justice et la raison auraient pour défenseurs et pour garants ceux des citoyens que leurs lumières ou leur situation rendaient capables de maintenir les droits de tous.

Plus tard, son illusion se dissipa ; il reconnut que, constituer une nation de telle sorte que les supériorités de situation, de richesse ou d'intelligence soient employées au bien du pays, qu'elles obtiennent le respect et ne suscitent ni l'envie ni la haine, ce ne peut être l'œuvre d'un homme, quels que soient sa puissance et son génie. Le temps, le calme, l'habitude sont nécessaires pour qu'un peuple apprenne à être content de sa situation, prenne confiance en la durée, et accepte une classification qui ne peut subsister par les lois, lorsqu'elle n'est pas confirmée par les mœurs.

Les *Essais de morale et de politique* avaient mis M. Molé en évidence ; M. de Fontanes parla à l'Empereur du livre et de l'auteur. C'était à l'époque où la victoire d'Austerlitz avait donné au nouvel établissement monarchique une puissance et un éclat qui semblaient assurer sa stabilité ; les soins et les vues de Napoléon se portaient alors à donner à l'Empire une administration régulière, à régler l'ordre intérieur et à obtenir dans le gouvernement civil de grands et honorables résultats. Loin de craindre les hommes distingués, il aimait à les appeler à lui, pour les employer à son service et au bien du pays ; aucun préjugé, aucun souvenir des époques révolutionnaires n'avait été pour lui un motif de préférence ou d'exclusion ; maintenant, il voulait introduire dans les fonctions civiles la génération nouvelle. L'institution des Auditeurs au Conseil d'État était destinée à servir de noviciat et d'épreuve aux jeunes gens qui se destinaient à l'administration. M. Molé fut un des premiers d'une nombreuse promotion, qui eut lieu au commencement de 1806. Son nom, sa fortune, le succès de son livre, et plus encore le jugement que l'Empereur porta, après s'être entretenu avec lui, le plaçaient, pour ainsi dire, à part de ses contemporains, Auditeurs comme lui.

Une circonstance, qui suivit de près sa nomination, le mit bientôt en lumière. L'Empereur avait proposé à la discussion du Conseil d'État une question relative aux Juifs d'Alsace et à l'habitude du prêt usuraire qui leur était imputée. M. Molé fut chargé de faire un rapport préliminaire ; il pensa que la tolérance légale des cultes, que l'unité de législation, que l'égalité de droits civils ne devaient pas empêcher de reconnaître que la situation et le caractère des Juifs étaient une exception réelle à l'uniformité de la législation, et qu'il pouvait être nécessaire de prendre contre eux des précautions. Le Conseil d'État pensa unanimement le contraire et insista sur le maintien du droit commun. L'Empereur n'entendit point patiemment le rapport du conseiller d'État, qui développait cette opinion. Elle lui parut théorique, trop absolue et aveugle à la réalité. Il fit lire en plein Conseil le rapport de M. Molé. Une enquête générale sur l'état des Juifs en France fut ordonnée, et la conséquence définitive fut la reconnaissance explicite et légale du culte juif, admis et réglementé par l'autorité publique. M. Molé venait d'être nommé Maître des requêtes ; il fit partie de la commission chargée de l'enquête, et prit la principale part à ce travail.

En 1807, il fut nommé préfet à Dijon. Il n'y passa pas plus d'une année. L'Empereur avait voulu lui donner la connaissance pratique de l'administration et de ses détails. Il fut rappelé au commencement de 1809 et devint conseiller d'État. Peu de mois après, par un décret daté de Schœnbrunn, il fut nommé Directeur général des Ponts-et-Chaussées.

C'était alors un emploi de haute importance; l'Empereur s'occupait beaucoup de cette branche de l'administration. Il aimait les grandes entreprises, les travaux gigantesques, les routes qui traversaient les montagnes, les vastes ports de mer. Il en calculait la dépense, il en suivait les progrès; sa mémoire retenait avec exactitude les distances, les obstacles à surmonter, les détails d'exécution.

Le Directeur général des Ponts-et-Chaussées avait donc des rapports directs et habituels avec l'Empereur. Ce n'était pas seulement des travaux publics qu'il s'entretenait avec M. Molé. Il aimait beaucoup à converser avec les hommes d'esprit; il se plaisait à être compris par eux, à leur faire dire ce qu'il voulait savoir; il savait parler à chacun selon son caractère et la nature de son esprit; il exerçait ainsi une séduction facile à un interlocuteur placé si haut par la gloire, la puissance et l'habileté; M. Molé n'était point insensible à des entretiens si intéressants; ces communications confiantes avaient pour lui un charme de curiosité et d'observation.

En même temps, le goût que l'Empereur avait pour lui semblait s'accroître et pouvait lui faire espérer un progrès rapide dans sa carrière politique.

En 1813, après le désastre de Leipzig et avant de commencer la glorieuse mais fatale campagne de France, l'Empereur nomma M. Molé Grand-juge ministre de la Justice. Il avait alors trente et un ans; en ce moment la faveur impériale n'était plus une chance heureuse; elle ne distribuait plus des récompenses, mais demandait le dévouement.

Lorsque l'Empereur quitta les Tuileries pour aller se mettre à la tête de son armée, il venait de s'entretenir longuement avec M. Molé, en toute confiance, avec cette sûreté de coup d'œil et de jugement qui ne l'abandonnait pas plus que sa fermeté d'âme; il était sans illusions, sachant le danger d'une situation dont il calculait les chances et qu'il eût regardée comme désespérée, s'il n'avait eu confiance dans son génie, si habile à reconnaître les fautes de ses ennemis et à en tirer un avantage immense et décisif.

M. Molé conduisit l'Empereur jusqu'à sa voiture et reçut ses derniers adieux. Il siégea dans le Conseil de l'Impératrice régente. Chaque jour il écrivait à l'Empereur pour lui rendre compte des alarmes qui troublaient Paris, du découragement de l'esprit public et de tous les symptômes d'une ruine prochaine. Il se rendit à Blois avec la régente et les ministres. Lorsqu'il revint à Paris, l'Empire avait cessé d'exister.

M. Molé se trouva éloigné de la région politique et rendu pour un moment à la vie privée ; il n'était pas étonné que l'esprit de réaction prît tant d'influence sur le gouvernement, et que les hommes qui avaient l'expérience des affaires ou dont le mérite avait été reconnu et employé par l'Empereur ne fussent pas appelés au service de l'État. Sans aucun retour sur lui-même, il regrettait que le Roi et les hommes honorés de sa confiance eussent des idées si incomplètes ou si peu justes de l'opinion du pays, il s'affligeait des conséquences que devaient avoir de telles erreurs.

Le retour de Napoléon réalisa bientôt les craintes que M. Molé avait conçues. Dès le soir de son arrivée, Napoléon le fit avertir ; il se rendit aux Tuileries. Peut-être Napoléon s'attendait-il à le trouver mécontent et malveillant pour le gouvernement royal qui l'avait laissé à l'écart. « Cette négligence, disait-il, lui avait paru un signe de mauvais système qu'avait pratiqué la Restauration ; » il proposa à M. Molé le portefeuille de l'Intérieur ou des Affaires étrangères, sachant bien que M. Molé préférait ces deux départements au ministère de la Justice. Il parla de l'état de la France, du réveil de l'esprit révolutionnaire, ranimé par les fautes du gouvernement de la Restauration, de la nécessité de réprimer le parti anarchique : lui offrant ainsi une tâche qu'il savait conforme à ses opinions.

Mais le temps des séductions était passé. M. Molé prévoyait avec douleur les calamités où le retour de l'île d'Elbe allait jeter la France ; il refusa les offres de Napoléon, qui lui dit d'un ton plus sévère : — « Vous retournerez à vos Ponts-et-Chaussées. »

Lorsque le Conseil d'État fut appelé à rédiger un acte qui prononçait l'exclusion de la maison de Bourbon et opposait au droit héréditaire, repoussé par les révolutions, une élection populaire, M. Molé ne mit point sa signature à cette délibération.

Il n'en fut pas moins placé sur la liste des membres de la Chambre des pairs instituée par l'Acte additionnel ; il quitta Paris pour aller aux eaux de Plombières, comme s'il eût ignoré cette nomination.

A la seconde Restauration, le roi Louis XVIII revint à Paris résolu à ne point laisser retomber son gouvernement dans les fautes de l'année précédente et à mettre sincèrement en pratique la charte qu'il avait donnée. Son ministère avait été composé dans cet esprit : M. de Talleyrand, M. Pasquier, M. Louis, le maréchal Saint-Cyr étaient de sûrs garants d'un système de modération et d'impartialité. M. Molé fit partie d'une nombreuse promotion de pairs, où l'ancienne aristocratie avait la plus grande part, sans exclusion des hommes distingués qui avaient eu des positions éminentes sous le gouvernement impérial.

Le ministère de M. de Talleyrand ne put subsister en face des difficultés que présentait la négociation d'un traité de paix, qui devait être si funeste à la France. Les élections rendaient son maintien encore plus impossible. Ainsi qu'il arrive ordinairement, en France, l'opinion vaincue se trouva, au moment de sa défaite, épouvantée, timide et impuissante. D'ailleurs, les factions révolutionnaires, et même libérales, avaient, par passion ou par illusion, applaudi au retour de Napoléon ; les opinions moyennes et modérées leur en gardaient rancune.

M. de Richelieu était loin de rapporter de l'émigration un esprit de réaction ; il était royaliste, et la révolution avait fait sur lui des impressions ineffaçables ; mais il savait mieux que personne combien le parti qui ne voulait pas accepter la France nouvelle, telle qu'elle s'était faite, et qui prétendait changer ses lois et ses mœurs, était déraisonnable, excessif et dangereux pour la monarchie ; il voulait que son administration fût conciliante et modérée. .

Ce ministère se trouva dans une situation difficile. La majorité de la Chambre des Députés, le parti qui prenait pour chef Monsieur, frère du Roi, conséquemment un grand nombre de courtisans et même quelques-uns des ministres s'irritaient de la modération de M. de Richelieu et de la confiance que le Roi accordait à M. Decazes. La session de 1815 se passa tout entière dans une alternative de concessions et de résistance, dans un continuel effort pour arrêter la réaction contre les personnes et pour défendre les lois ou les formes de l'administration, livrées à de continuelles attaques. Dans cette époque critique et périlleuse, M. Molé acquit une grande importance. M. de Richelieu prit goût à ses conseils et lui accorda une entière confiance. C'était par lui, surtout, qu'il apprenait à connaître la France, dont il avait été exilé pendant vingt-cinq années d'émigration. En même temps, M. Molé avait acquis beaucoup d'influence dans la Chambre des Pairs. Ses formes douces, son langage conciliant et persuasif, sa gravité naturelle, qui ne l'empêchaient point de se montrer confiant et sympathique à tous ceux avec lesquels il avait des relations, lui donnèrent un crédit qui contribua au rôle de la Chambre des Pairs pendant cette session ; elle arrêta, ou du moins tempéra, par quelques *veto* le mouvement passionné de l'autre Chambre.

Ainsi l'auteur des « *Essais de morale et de politique,* » qu'on avait trop légèrement taxé de préférer le pouvoir absolu, pratiquait le gouvernement parlementaire, et en reconnaissait les avantages. Le fond de son opinion sur la politique intérieure avait toujours été la crainte de voir tomber la France sous le pouvoir d'une faction ; de là le point de vue d'où il avait apprécié le gouvernement impérial ; de là aussi sa haute estime et son attachement pour M. de Richelieu, et l'appui qu'il prêtait à son ministère.

Lorsque la Chambre de 1815 fut dissoute par l'ordonnance du 5 septembre, de nouvelles élections donnèrent au ministère la possibilité de suivre une politique sage et modérée. M. de Richelieu changea successivement la composition de son cabinet; M. Lainé était devenu ministre de l'Intérieur, même avant la dissolution de la Chambre; M. Pasquier fut Garde-des-sceaux, le maréchal Saint-Cyr ministre de la Marine; quelques mois après, il fut chargé du département de la Guerre, et M. Molé le remplaça à la Marine.

Les années 1817 et 1818 se passèrent heureusement; une majorité libérale mais raisonnable vivait en bon accord avec le ministère. De grandes lois, conformes à l'opinion générale, furent soumises à la libre délibération des Chambres. Ainsi furent réglés le recrutement et les élections; ainsi fut établi le crédit public; toutes les garanties essentielles furent données au vote des dépenses et des impôts. Le Roi avait pleine confiance dans son ministère, l'union régnait entre les hommes honorables qui le composaient. L'année 1818 se termina par les traités d'Aix-la-Chapelle, qui délivrèrent la France de la triste présence des troupes étrangères, stipulée par les traités de 1815.

Au moment où toutes les circonstances devaient répandre dans les esprits le contentement et la sécurité, où le gouvernement constitutionnel semblait s'acclimater et pousser des racines vivaces, les élections témoignèrent que les opinions révolutionnaires avaient encore une force et une activité menaçantes. Un parti qui évidemment tendait, non pas à contrôler les actes du gouvernement ou à changer le ministère, mais à détruire ou à avilir l'autorité royale, acquérait une action déplorable sur les élections. Il y manœuvrait avec un ensemble et une ardeur que ne pouvaient avoir les amis de l'ordre et du repos. — Bien que la majorité fût encore assurée aux opinions modérées et royalistes, on pouvait prévoir le moment où la Chambre des Députés, alors renouvelée par cinquième, serait envahie par les ennemis de la monarchie. M. de Richelieu fut vivement préoccupé de cette crainte; M. Molé partageait ses inquiétudes, ainsi que M. Lainé. M. Decazes et les autres ministres étaient moins alarmés; le danger ne leur semblait pas imminent. Ils croyaient qu'une bonne et sage conduite réussirait à ramener l'opinion publique et à la préserver de l'influence des révolutionnaires, la majorité du parti modéré semblait persuadée qu'en effet il ne fallait pas s'abandonner à des inquiétudes exagérées.

Ainsi divisé, le Cabinet ne pouvait plus subsister, tel qu'il était. M. de Richelieu et M. Decazes, qui avaient jusqu'alors vécu en parfaite

*

intelligence, différaient d'opinion sur ce point essentiel. M. de Richelieu essaya de former un nouveau Cabinet et ne réussit point à décider les hommes honorables qu'il souhaitait d'avoir pour collègues, à accepter une position qui leur semblait fausse. Dès lors, il n'avait aucun moyen de sortir d'embarras ; M. Molé donna sa démission et fut bientôt imité par plusieurs de ses collègues ; le Cabinet fut dissous. M. Decazes eut à en former un nouveau. Le ministère de la Police fut supprimé, et il devint ministre de l'Intérieur.

Le général Dessoles fut président du Conseil et ministre des Affaires étrangères. M. de Serre, dont le talent avait eu un grand éclat dans les précédentes sessions, eut le portefeuille de la Justice. Le maréchal Saint-Cyr conserva le département de la Guerre.

La Chambre des Pairs, ou du moins une grande majorité, partageait les inquiétudes qu'inspiraient les prochaines élections et voyait avec peine la retraite de M. de Richelieu. Une proposition tendant à modifier la loi électorale fut adoptée, et M. Molé, qui était de cet avis, exerça sur ce vote l'influence qu'il avait acquise. Le ministère, craignant de perdre la majorité dans la Chambre des Pairs, se décida à une nombreuse promotion de pairs, choisis, pour la plupart, parmi les notabilités du règne impérial. En même temps, la Chambre des Députés rejeta la proposition présentée par la Chambre des Pairs. La session de 1818 se passa donc, sans que le Cabinet éprouvât de nouveaux échecs, et son maintien ne fut pas mis en péril.

Les élections de 1819 réalisèrent les craintes qui s'étaient manifestées. Sans donner la majorité aux ennemis de la monarchie, elles la diminuèrent, et l'élection de l'abbé Grégoire fut un scandale, qui non-seulement exaspéra l'opinion royaliste, mais une grande partie des modérés. Évidemment, pour conserver la confiance du Roi et pour garder la majorité, il fallait changer la loi des élections. Le général Dessoles, le maréchal Saint-Cyr et M. Louis se retirèrent ; M. Decazes eut à former un nouveau Cabinet. La situation devenait périlleuse, une portion de la majorité libérale, celle qu'on nommait le centre gauche, se déclarait contre une modification actuelle de la loi électorale. Les amis de M. Lainé et de M. de Richelieu étaient disposés à ne se point contenter des modifications que proposerait M. Decazes. Il choisit pour collègues M. Pasquier, M. Roy et le général Latour-Maubourg ; il pouvait ainsi compter sur les suffrages du centre droit. Mais plus que jamais il avait pour ennemis les royalistes, dont l'ordonnance du 5 septembre avait détruit la domination ; ils ne voulaient admettre aucune transaction, tant que M. Decazes resterait ministre.

Telle était la situation, lorsque l'assassinat de M. le duc de Berry vint jeter le trouble dans tous les esprits. Ce crime isolé était, au dire des royalistes exaltés, une œuvre de l'opinion libérale, une conséquence de la politique que le Roi avait adoptée depuis trois ans.

Leur exaspération était bruyante ; ils s'empressent de saisir une circonstance qui pouvait leur être favorable; ce qu'ils voulaient avant tout, c'était renverser le ministre à qui ils avaient voué une implacable haine. Ils y réussirent, mais ne parvinrent pas encore à s'emparer du gouvernement. M. de Richelieu redevint chef du Cabinet et président du Conseil; bien résolu à ne pas reprendre la route qu'il avait suivie pendant son premier ministère. Il conserva les collègues de M. Decazes ; M. Siméon fut ministre de l'Intérieur, et M. Pasquier garda le porte-feuille des Affaires étrangères. M. Molé, dès le premier moment où il avait appris la déplorable mort de M. le duc de Berry, avait prévu le réveil et l'ardeur de l'opinion royaliste exagérée; il tenait pour certain qu'elle s'emparerait du gouvernement. M. de Richelieu, en se réconciliant avec ce parti, en comptant sur son appui pour avoir la majorité, ne prévoyait pas que bientôt après il lui faudrait ou obéir à ses dangereuses exigences, ou lui céder la place. M. Molé ne pensa pas un instant à courir cette chance; il avait toujours prévu que livrer le pouvoir à la politique de l'émigration, c'était amener la ruine de la dynastie.

M. de Richelieu ne réussit pas à obtenir une fidélité docile des auxiliaires auxquels il avait eu recours, et fut contraint de se retirer à la fin de 1821.

Alors commença un ministère, qui eut une durée de sept années et dont la conduite fut beaucoup plus prudente et habile que ne l'avaient pensé les partis opposants. La naissance de M. le duc de Bordeaux et le succès de la guerre d'Espagne furent pour lui d'heureuses circonstances. La nouvelle loi d'élection, et bien plus encore le découragement des opinions vaincues, lui procurèrent une sûre majorité. Il savait faire prendre patience à son parti, sans décourager l'espérance toujours subsistante de voir la France ramenée à l'ancien ordre de choses; le ministère n'avançait qu'avec lenteur dans cette voie.

M. Molé se trouva donc dans une constante opposition. Cette opposition ne pouvait avoir, à la Chambre des Pairs, qu'un caractère de modération et de gravité ; elle était inspirée par des intentions pures et par un dévouement éclairé à un gouvernement qu'elle aurait voulu voir stable et assuré de l'avenir. Il prit une part active aux grandes discussions qui honorèrent la Chambre des Pairs. Ses discours sur la guerre d'Espagne et les lois du sacrilége et du droit d'aînesse furent remarqués. On y trouve les qualités distinctives de son esprit, la mesure, la clarté, la dignité du langage. Sa situation à la Chambre des Pairs et dans la région politique s'agrandit encore.

Après la chute du ministère de M. de Villèle, M. Molé, ainsi que ses

amis, se félicita de la direction que prenait le gouvernement du Roi
Charles X. Plus qu'à aucun autre moment, il voyait la possibilité de
faire subsister ensemble la royauté et le gouvernement constitutionnel.
Les passions révolutionnaires se décourageaient, les ambitions n'en-
traient pas encore en jeu; tous les hommes du parti royaliste que l'expérience avait éclairés et calmés, s'applaudissaient de ce moment de
calme et de la popularité que semblait acquérir le gouvernement du Roi.

L'appel de M. de Polignac au ministère, et le nom des collègues qui
lui furent donnés, répandirent partout la conviction que la France tou-
chait à un moment fatal; nul espoir ne resta de détourner le Roi du
péril où il allait se précipiter aveuglément; on ne douta point de la
crise qui allait jeter la nation dans les terribles hasards d'une révolution. Elle fut provoquée par les ordonnances qui abolissaient les garanties
données par la charte, et elle éclata plus rapide, plus décisive et plus
complète qu'on n'avait pu le prévoir. A peine resta-t-il aux hommes
sensés qui avaient de l'influence dans les Chambres, quelques heures
pour se décider au seul moyen qui pouvait sauver la France de l'anarchie déjà proclamée par les républicains de l'hôtel de ville.

M. Molé, reconnaissant l'empire de la nécessité et toujours guidé
par la pensée de maintenir l'ordre social, la monarchie et les garanties
données à la nation par la charte, crut accomplir un devoir en se ren-
dant à l'appel du prince qui consentait à accepter cette difficile tâche;
il ne se refusa point à y concourir.

Le Conseil du nouveau roi se trouva d'abord composé des hommes
principaux qui, sans avoir les mêmes opinions, s'étaient sincèrement
accordés dans la grande détermination que sanctionna la délibération
des Chambres : elles furent l'organe légal de l'opinion universelle qui
se manifestait hautement.

M. Molé fut ministre des Affaires étrangères. L'occasion ne tarda
point où il eut à se prononcer sur une grande question. Toutes les Puissances européennes n'avaient pas tardé à reconnaître la royauté du souverain que la France venait de se donner. La pensée d'intervenir dans
les affaires intérieures du pays, de retomber dans la faute qui, en 1792,
avait suscité une guerre de vingt-cinq ans et bouleversé l'Europe entière,
ne se présenta même pas aux souverains et à leurs Cabinets. Sans pro-
clamer le principe de non-intervention, ils l'avaient pratiqué. Lors donc
que la Belgique se souleva contre le roi des Pays-Bas et se proclama
indépendante de sa souveraineté, M. Molé ne fit autre chose que ré-
clamer une nouvelle application de la règle de conduite adoptée par
l'Europe entière. Le roi de Prusse avait d'abord voulu envoyer une
armée au secours du roi des Pays-Bas, afin de remettre la Belgique sous
son autorité; M. Molé déclara expressément que si un soldat prussien

mettait le pied en Hollande, une armée française occuperait la Belgique. « Votre intervention, c'est la guerre, » disait-il. Une levée de cent mille hommes fut proposée aux Chambres. « La France, disait le ministre des Affaires étrangères, ne demande rien que ce qui est juste ; elle se lèverait tout entière pour la défense du moindre de ses droits. »

Alors commencèrent les négociations qui devaient se terminer par la création du royaume de Belgique, dont la neutralité assurait notre frontière, tandis que le royaume des Pays-Bas, tel que l'avaient établi les traités de 1815, était une menace continuelle contre la France.

Lorsque l'expédition d'Alger avait été entreprise, le gouvernement du roi Charles X n'avait voulu contracter aucun engagement relatif aux dispositions qu'il prendrait après la conquête. L'Angleterre avait vu avec une inquiète méfiance la prise de possession d'Alger. Les termes du refus que M. de Polignac avait opposé aux questions adressées par le ministère anglais n'étaient pas absolus et pouvaient laisser supposer que la France ne résoudrait pas, sans le concours des Puissances européennes, une question qui impliquait l'abolition de la piraterie, et une colonisation française sur un territoire vassal de l'Empire ottoman. M. Molé voyait combien la moindre concession pourrait irriter l'orgueil national, quel blâme encourrait le gouvernement nouveau, et enfin quels avantages la France aurait, après de grands sacrifices, à retirer de cette possession. Il répondit que le moment n'était pas opportun pour traiter cette question ; elle fut ainsi indéfiniment ajournée.

Le premier ministère qu'avait formé à la hâte le roi Louis-Philippe, ne pouvait se maintenir longtemps. Il était composé d'éléments discordants. Parmi les hommes politiques qui avaient regardé cet avénement comme le salut de la France, les uns avaient pensé que la forme monarchique était compatible avec le triomphe de l'opinion démocratique et qu'elle comportait des institutions républicaines ; les autres avaient vu dans la royauté du duc d'Orléans le seul moyen de résister aux passions et aux chimères révolutionnaires.

Après trois mois d'une lutte intestine, le Cabinet se trouva en dissolution. La majorité de la Chambre était douteuse ; la faction républicaine était ardente et semblait avoir encore le pouvoir de soulever les masses populaires ; le ministère de M. Laffitte se forma dans la pensée de ne point résister de front à cette dangereuse impulsion et de ne se pas dépopulariser en refusant toute concession. M. Molé et les ministres appartenant à la politique de conservation ne pouvaient garder place dans un Cabinet qui leur paraissait un instrument de ruine ; ils se retirèrent.

Leur pronostic ne tarda point à se réaliser. Après le procès des ministres, où le concert de tous les hommes sensés parvint à faire triompher la raison et l'humanité, on vit le désordre se développer de jour en jour ; les émeutes reparurent sans être réprimées ; la guerre semblait infaillible ; le crédit public décroissait rapidement. Le ministère de M. Casimir Périer sauva la France des malheurs qui la menaçaient. Sa fermeté et son courage rallièrent à lui tous les partisans de l'ordre et de la paix.

En 1832, M. Molé fut atteint au cœur par une perte cruelle. Sa fille, Mme de Champlâtreux, succomba en quelques heures à une attaque de choléra ; il n'eut plus d'autres pensées que sa douleur et la crainte de voir le fléau faire de nouvelles victimes parmi ses plus chères affections ; il partit pour la Suisse et y passa plusieurs mois.

Après la mort de M. Périer, le gouvernement eut encore à se défendre contre des émeutes et des conspirations ; le désordre fut difficilement réprimé. Le 11 octobre un nouveau ministère fut appelé aux affaires. M. de Broglie, M. Guizot, M. Thiers en firent partie. Le gouvernement prit dès lors sa force et sa direction dans la majorité de la Chambre des Députés et dans les triomphes de la tribune. Ainsi se passèrent trois années heureuses et honorables. En 1836 M. Thiers fut président du Conseil. A cette époque commença la funeste dislocation des hommes éminents du parti conservateur. Ce ministère dura peu, et le roi appela M. Molé et M. Guizot pour former un nouveau Cabinet. Il eût mieux valu donner cette mission à un seul, qui se serait alors trouvé le chef du Cabinet.

En Angleterre les partis se soumettent librement à une discipline qui leur donne une force régulière ; l'esprit hiérarchique y règne comme dans le pays ; de telle sorte qu'ils ne renversent pas un ministère, sans avoir à lui substituer un gouvernement tout fait. Si un parti ne savait pas se régir lui-même et se diriger par une seule et même volonté, comment donnerait-il au pays une administration stable et respectée ? En France il n'en a pas été ainsi ; les partis ne reconnaissaient ni la supériorité, ni l'autorité d'un chef, et marchaient en désordre, tels qu'une armée qui n'est pas commandée. Au lieu de prendre pour guide un homme important par son habileté et son expérience, les partis se laissaient emporter par le flot de l'exagération ; les courtisans d'une popularité vaine étaient préférés aux hommes supérieurs par le talent ou la sagesse. D'autres fois on a vu des partis plus honorables et plus éclairés se subdiviser en diverses coteries ; ainsi se dispersaient l'influence et l'autorité d'une aristocratie dont les titres étaient le talent et le succès.

C'est ce qui advint au parti conservateur ; la formation d'un ministère devint de plus en plus difficile. La discorde succéda à l'union ; les nuances d'opinion devinrent des motifs de rupture ; on se fit moins de concessions entre amis, qu'on n'en accordait à ses ennemis ; les questions de personnes furent plus fâcheuses que les questions de principes; chacun avait ses amis et ses protégés, exigeants ou mécontents.

Le ministère de M. Molé et de M. Guizot ne dura que peu de mois, sa retraite fut suivie d'un interrègne, où l'on reconnut qu'aucune fraction du parti conservateur ne pouvait espérer une majorité, tant qu'elle voudrait rester seule, exclusive et dominante.

M. Molé fut rappelé; dans la situation où se trouvait la Chambre des Députés, il lui était impossible d'avoir pour collègues les orateurs qui ne voulaient pas le suivre sur la route dont il déterminerait la direction. Il eut donc pour collègues des hommes honorés de l'estime publique, dont le mérite et la capacité étaient reconnus, encore qu'ils n'eussent pas tout l'éclat des succès de la tribune.

Toutefois ce ministère eut la sanction de l'opinion publique; contre l'attente de ceux à qui il déplaisait, il sembla s'établir et avoir des chances de durée.

M. Molé n'était pas membre de la Chambre et n'avait point avec les députés ces rapports d'habitude et de familiarité qui sont un moyen d'influence; il ne prétendait point subjuguer une majorité par la puissance de sa parole; lorsqu'il avait à donner des explications ou à défendre les projets du ministère, il parlait avec clarté et méthode, donnant l'idée d'une complète bonne foi et de la parfaite connaissance du sujet qu'il avait à traiter. Par ses conversations il plaisait aux députés et se conciliait leurs suffrages; ils aimaient sa politesse et sa bienveillance; il savait écouter les contradictions; il les comprenait, et avant d'y répondre, il les répétait avec une mesure et une lucidité qui charmaient l'interlocuteur et lui donnaient confiance. Il réunissait une majorité composée de tous les députés qui n'étaient enrôlés sous aucune bannière.

Le succès ne manqua point à ce ministère; il se décida à une amnistie : mais elle donna plus de satisfaction que de reconnaissance à la faction démocratique qui avait sympathisé avec les séditions. La prise de Constantine vengea l'échec de l'année précédente, et la conquête devint non plus seulement Alger, mais l'Algérie.

Le mariage de M. le duc d'Orléans fut aussi négocié par M. Molé.

Mais l'inconvénient et le danger de ne pas prendre dans la Chambre des Députés le point d'appui du gouvernement ne disparaissaient point; on pouvait toujours dire qu'un des grands pouvoirs de l'État semblait ne plus être qu'un corps consultatif. Pour parler plus réellement, le ministère ne pouvait espérer le concours des hommes qui, ayant siégé dans le Conseil du Roi comme chefs ou membres des divers Cabinets, ne se croyaient pas à la place qui leur était due. M. Molé le savait bien; il se serait retiré, s'il n'eût pas été manifeste que chacun des hommes de talent et de mérite qui lui étaient opposés ne consentirait pas à accepter la primauté d'un autre et à modifier ses opinions pour l'accord indispensable à la formation d'un Cabinet.

L'union leur était plus facile, tant qu'il s'agissait de rendre impossible le ministère de M. Molé. Le mot d'ordre qui pouvait les réunir pour une attaque concertée, c'était une plainte ardente contre le gouvernement personnel du Roi, contre la situation subalterne où la Chambre des Députés était placée, disaient-ils.

Pour donner plus de valeur à ces arguments théoriques, il était nécessaire de démontrer l'incapacité et la mauvaise conduite du ministère.

La lutte fut longue et acharnée ; M. Molé la soutint avec calme et dignité. Il avait à répondre à tous les « princes de la parole, » comme il les appela ; la vivacité de leurs accusations, la hauteur de leurs dédains ne lui causa aucun trouble. Sa défense avait un caractère de sincérité ; elle prouvait une connaissance complète des affaires et un souvenir exact des faits. Il ne craignait pas d'articuler les véritables motifs de la guerre qui lui était déclarée. — « Lorsque je vois, disait-il, ralliées dans un même effort des opinions si différentes ; lorsque je vois des hommes qui s'étaient combattus avec tant de véhémence se donner la main pour amener un changement d'administration, je leur demande, au nom de mon pays : Quel système prétendez-vous faire prévaloir ? Faites abstraction des noms propres, et dites nettement ce que vous voulez. »

L'honneur du combat lui resta, et, dans le vote de l'Adresse, le ministère eut une majorité de huit voix. Ce n'était pas assez pour donner force et durée au Cabinet. La Chambre fut dissoute, et les élections n'amenèrent pas une majorité plus nombreuse. M. Molé savait bien qu'il ne la conserverait même pas longtemps ; les majorités se fatiguent bientôt des batailles de la discussion et des hasards du scrutin ; elles veulent des chefs qui n'aient pas besoin d'être secourus et sauvés tous les jours. Il donna sa démission et quitta le pouvoir, emportant pour récompense de sa conduite et de son courage un accroissement à sa renommée politique, à la considération due à son caractère, et à l'estime qu'inspirait son talent d'orateur.

Son présage ne fut point trompé ; aucun accord ne fut possible à établir entre les adversaires unis pour le renverser. Un ministère semblait impossible à composer ; il fallut l'urgence d'une émeute qui témoignait des progrès du désordre, pour former un Cabinet. Ainsi que celui de M. Molé, il ne représenta aucun des partis.

M. Molé fut élu par l'Académie française, qui pensait alors, comme toujours, que l'éloquence fait partie de la littérature. C'est avec discernement qu'il fut choisi pour succéder à M. de Quélen, archevêque de Paris. On était assuré qu'il parlerait de son prédécesseur avec justice et convenance, qu'il louerait ses vertus chrétiennes et son courage dans la persécution. Le discours de M. Molé mérita et obtint un plein succès. Dans plusieurs autres occasions, il parla à l'Académie, et toujours avec une grande distinction. Comme directeur, il eut à répondre aux discours de réception de M. de Tocqueville, de M. de Vigny et de M. Vitet. A peu près dans le même temps, il prononça, à la Chambre des Pairs, un éloge fort remarquable de M. le général Bernard, qui avait été son collègue comme ministre de la Guerre.

Huit années se passèrent ; deux ministères s'étaient succédé en 1839 et 1840 ; puis le ministère de M. Guizot avait eu une plus longue durée qu'aucun autre Cabinet. M. Molé, sans renoncer à la vie politique, siégeant assidûment à la Chambre des Pairs, ne s'était mêlé activement à aucune combinaison formée pour attaquer les ministres. Seulement, il rappelait parfois, et non sans quelque amertume, que lui aussi avait pratiqué et professé une politique de sagesse et de modération.

Le mercredi 23 février 1848, au milieu de la journée, le Roi, apprenant qu'un détachement de la garde nationale avait refusé de combattre les séditieux, espéra encore qu'il serait possible de les calmer et de reconquérir quelque popularité, en changeant de ministère. Il fit appeler M. Molé, qui, sans lui montrer aucune espérance, ne refusa point son dévouement ; il demanda un délai de quelques heures pour choisir des collègues, et pour s'assurer qu'il trouverait un appui et une majorité dans la Chambre des Députés. Il n'avait pas encore réuni les hommes fermes et courageux qu'il comptait associer à cette périlleuse tâche, que l'émeute avait pris un caractère de fureur qui, dès le 24 au matin, rendit impossible tout ministère, tout gouvernement, toute monarchie.

Après trois mois de désordre, après les sanglantes journées de juin, qui sauvèrent la France des horreurs de l'anarchie et du brigandage, lorsque l'Assemblée qu'on appela Constituante eut la possibilité de délibérer librement, la ville de Bordeaux choisit le comte Molé pour représentant. Dès qu'il eut pris place dans cette assemblée, il y obtint une grande considération et une heureuse influence. Les dangers de la situation, l'état incertain et troublé de l'opinion publique ne lui causèrent aucun découragement ; il forma le projet de réunir les amis de l'ordre dans un seul et même parti, en effaçant le souvenir des dissentiments qui les avaient divisés en fractions opposées. Il fallait les associer pour défendre la société encore menacée par des passions qui ne l'attaquaient plus à main armée, mais qui cherchaient à la détruire par des lois. Nul n'était plus destiné à cette œuvre patriotique ; il s'y dévoua tout entier. Jamais l'esprit de conciliation, le ménagement des amours-propres, le silence sur le passé ne furent plus assidûment pratiqués. La position de M. Molé devint ainsi grande et honorable. Il était le centre de cette ligue des gens de bien ; son nom, les grandes fonctions qu'il avait remplies, sa fortune, lui donnaient une importance incontestée.

Tel fut son rôle à l'Assemblée Constituante et aussi dans les premiers temps de l'Assemblée Législative ; mais alors d'autres difficultés et des circonstances différentes ne comportaient pas le même succès. Il ne suffisait plus d'exercer de l'influence sur un pouvoir délibératif.

M. Molé, qui n'avait jamais goûté le repos de la vie privée, dont l'activité d'esprit avait toujours eu les affaires publiques pour principal emploi, se trouva, sans regrets et sans éprouver aucun vide, ramené au foyer de la famille et au commerce intime de l'amitié. Il était jeune encore par l'âme et par l'esprit ; son caractère seul avait quelque peu changé. Sous une gravité apparente, il avait toujours caché une disposition passionnée et irritable ; maintenant ses opinions et ses sentiments avaient conservé leur même vivacité, mais le calme régnait en son âme. Tout en lui était bienveillant ; les vieilles animosités avaient cessé. Son commerce, toujours si aimable dans l'intimité, ne l'était pas moins pour la société dont il s'entourait. Les jouissances de l'esprit et de la conversation lui étaient précieuses. Il y avait plaisir à le voir dans cette noble demeure de Champlâtreux, qu'il avait embellie et qu'il aimait tant, au milieu de sa famille et de ses amis, se plaisant à leur entretien et jouissant de leur plaire.

C'est là que la mort est venue le surprendre, en ne lui laissant que peu d'instants pour dire adieu à ses enfants. Pendant toute sa vie, il avait professé un respect sincère pour la religion. Plus tard, de longues méditations et un retour sur lui-même lui avaient fait retrouver dans son cœur une foi plus complète et plus pratique. Elle contribua à la sérénité de son dernier âge et lui donna une fin tranquille. Elle fut imprévue, mais il s'y était pieusement préparé.

Ch. Lahure, imprimeur du Sénat et de la Cour de Cassation,
rue de Vaugirard, 9, près de l'Odéon.